AF224619

SOLUTION DU GRAND PROBLÈME

SUR LE SUFFRAGE UNIVERSEL

OU

LA PAIX SOCIALE

—

LETTRE

A M. LE COMTE ALBERT DE MUN,

Secrétaire-Général
de l'Œuvre des Cercles catholiques d'Ouvriers, Etc.

Par M. l'abbé LÉON BAYLET,

Membre d'honneur des Concours poétiques de Bordeaux, Etc.

> Le Droit est le Droit et doit prévaloir
> à la fin.
> (Mot de Frédéric le Grand, de Prusse.)

—

DEUXIÈME PARTIE DU *PROGRÈS*.

—

ESPIRA-DE-L'AGLY

IMPRIMERIE DU CLERGÉ — J. JAMMET, ÉDITEUR

1877

AU LECTEUR

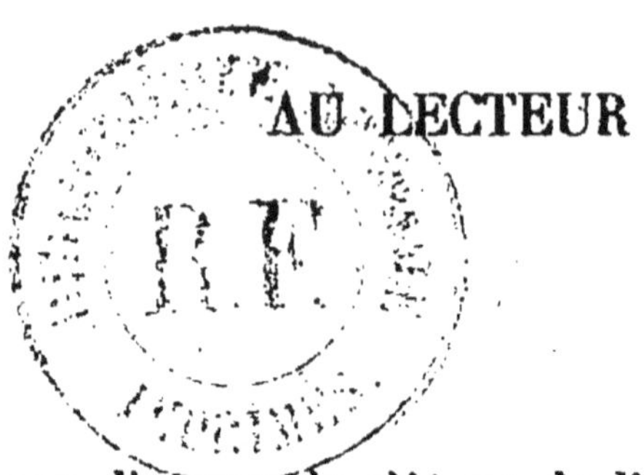

Dans son discours de clôture de l'Assemblée générale
de 1877, M. le Secrétaire-général de l'OEuvre des Cercles
catholiques d'ouvriers (lecteur, vous connaissez son nom)
a formulé le programme de l'OEuvre dans la déclaration
suivante :

« Opposer à la *déclaration des droits de l'homme*, qui
« a servi de base à la *Révolution*, la proclamation des
« *droits de Dieu*, qui doit être le fondement de la *contre-*
« *Révolution*, et dont l'ignorance ou l'oubli est la véri-
« table cause du mal qui conduit la société moderne à sa
« ruine ; — rechercher, dans une obéissance absolue aux
« principes de l'Eglise catholique et à l'infaillible ensei-
« gnement du Souverain-Pontife, toutes les conséquences
« qui découlent naturellement, dans l'ORDRE SOCIAL,
« du plein exercice de ce droit de Dieu sur les sociétés ;
« — propager par un public et infatigable apostolat la
« doctrine ainsi établie; — former des hommes déterminés
« à en faire la règle de leur vie PUBLIQUE aussi bien
« que de leur vie privée, et en montrer l'application dans
« l'OEuvre elle-même par le dévouement de la classe
« dirigeante à la classe populaire ; — travailler ainsi sans

« relâche à faire pénétrer dans les mœurs ces principes
« et ces doctrines, et à créer une force organisée capable
« de les faire triompher, afin qu'ils puissent trouver leurs
« expressions *dans les lois et dans les institutions de la*
« *nation,* — tels doivent être l'esprit et le but de notre
« association, pour qu'elle réponde au programme qu'elle
« s'est elle-même tracé dès son origine, quand elle a, par
« l'appel aux hommes de bonne volonté, du 25 décem-
« bre 1871, hautement déclaré la guerre à la Révolu-
« tion. »

C'est dans ce programme ainsi formulé que l'auteur de
cette Lettre a trouvé le motif et, en quelque manière, la
source de ses inspirations. On verra, dans les pages qui
suivent, que si la Révolution trouve sa formule dans la
loi du *nombre,* en niant les droits sacrés de la propriété,
de la famille, de l'Eglise et de Dieu, la *Paix sociale* exige
que nous affirmions solennellement les droits de tous, de
la base au sommet, depuis le dernier des hommes jusqu'au souverain Créateur. On comprend aussi pourquoi
cette Lettre est adressée à M. le Comte A. de Mun. Son
appel a retenti dans mon cœur, et j'essaye une faible
réponse pour lui dire : nous avons entendu : « En avant! »
Marchez, nous vous suivons !

SOLUTION DU GRAND PROBLÈME

SUR LE SUFFRAGE UNIVERSEL

ou

LA PAIX SOCIALE

Monsieur le Comte,

Je viens vous prier de jeter un regard bienveillant sur les quelques lignes que j'ai l'honneur de vous adresser. S'il vous plaisait de trouver, dans ce petit aperçu, un auxiliaire quelconque pour la grande OEuvre que vous avez entreprise, et que vous poursuivez avec tant de talent, de zèle et de succès, la régénération de la France par les Cercles catholiques d'ouvriers, veuillez l'adopter et l'introduire dans votre nombreuse famille sociale. Vous attirerez, sur ce petit écrit, l'attention des hauts Pasteurs de l'Église et des hommes publics qui tiennent à cœur le triomphe de la justice, de la vérité et de la paix dans notre société si troublée. Si vous ne le jugez point digne du but que vous voulez atteindre, mettez-le de côté et qu'il n'en soit plus du tout question.

Et, avant tout, je dois l'avouer avec une entière franchise et sans prétendre à une modestie hors de saison, on ne doit chercher, dans ces pages, aucune sorte de mérite littéraire : elles sont destinées, non pas à figurer dans un concours académique, mais aux hommes de bonne volonté qui s'occupent du salut de notre Patrie, et qui ne voient que d'une manière vague les moyens d'obtenir cet heureux résultat. Il faut résoudre promptement le problème du suffrage universel honnêtement pratiqué, conformément à la raison et à la justice, conformément *au droit de tous*, ou la société ne se relèvera pas.

Or, j'estime que dans ces occasions, la poésie et l'éloquence doivent se dégager de toute espèce de langage nuageux ou trop abstrait, libre de tout ornement inutile, pour n'employer que des mots simples et faciles qui mettent la pensée au service de la vérité, de l'honnêteté et du bon sens.

J'attaque la *Loi du nombre*, telle qu'elle se pratique aujourd'hui ; mais avec le désir bien vif de ne blesser personne, car je ne veux et ne dois employer que les armes loyales du raisonnement dans la charité et dans l'obéissance. Il s'agit d'éclairer l'opinion, et j'ose croire que tout gouvernement honnête voudra bien applaudir aux efforts que l'on peut faire pour arriver à la *Paix sociale*. Cet écrit n'est pas destiné à troubler, mais à calmer les esprits. Une lecture, même superficielle, pourra convaincre que j'apporte à mes amis les ouvriers, comme aux classes élevées, non la haine qui divise, mais l'amour qui unit.

I

Le suffrage universel n'est pas le suffrage par le nombre.

La loi électorale est le point central de toutes les difficultés, parce que l'on nie ou que l'on feint d'ignorer la déchéance native de l'humanité en Adam. Et c'est ainsi que toutes les erreurs sociales découlent *toujours* d'une ou de plusieurs vérités religieuses méconnues.

On a cru résoudre les difficultés de la loi du nombre confus par le vote au scrutin de liste, par le vote dans l'arrondissement, etc. Ce n'est point là résoudre le problème : tant que le *nombre confus* sera la loi, aucun résultat sérieux ne sera obtenu.

Le vice radical, inguérissable, de la loi électorale est dans le *vote numérique,* selon l'erreur fondamentale exposée par le trop célèbre abbé Siéyés, dans ces mots : « Qu'est-ce que le Tiers-Etat ? — Tout. — Qu'a-t-il été jusqu'à présent dans l'ordre public ? — Rien. — Que demande-t-il ? — A être quelque chose. »

Toute la force de la Révolution est dans ces mots : *Qu'est-ce que le Tiers-Etat ? — Tout.* La solution est dans ces mots : *Que demande-t-il ? — A être quelque chose.*

Le cens électoral, bien chers ouvriers, vous a mis de côté, pendant le régime de juillet 1830. Alors, *vous n'étiez rien dans l'ordre public.* C'était une injustice que la monarchie de Louis-Philippe commettait contre vous. Cette monarchie bâtarde est tombée en 1848, et nul ne la relèvera jamais. Ma conviction, à ce sujet, se fortifie de plus en plus, à mesure que les événements européens se déroulent visiblement sous l'action directe de la Providence. Pas plus que les fleuves ou les siècles, les nations ne reviennent jamais en arrière ou ne remontent vers leur source.

Mais, bien chers ouvriers, depuis 1848, et surtout après le 2 décembre, *vous êtes tout* par le nombre, et c'est une injustice envers la *Propriété et les autres forces sociales*.

Le système électoral par le cens de 1830 était faux, parce que *vous n'étiez rien ;* le système *numérique* actuel est encore faux, parce que *vous êtes tout,* et que les autres forces sociales ne sont rien.

La solution est dans l'équilibre entre les forces sociales.

Ces forces sociales sont, nécessairement :

1º Lá Propriété ;

2º L'Autorité ;

3º Le Principe religieux et moral ;

4º La Main-d'œuvre ;

5º Le Commerce et l'Industrie ;

Nous ne reviendrons pas au principe électoral de ce que l'on a appelé *ancien régime,* en mettant en avant le *Clergé,* la *Noblesse* et le *Tiers-Etat.* Tout cela est passé ; cela est mort. Il ne peut être question de le ressusciter. Les nations marchent, pourquoi tenter inutilement de les arrêter et de les faire revenir en arrière ?

Mais il est souverainement impolitique et mauvais de confondre les *forces sociales,* qui sont de tous les temps, en donnant la prépondérance à l'une sur les autres, et en maintenant à l'état d'antagonisme perpétuel les membres du corps social mal organisé.

De quel droit commanderai-je au petit nombre de se soumettre au plus grand nombre, si la justice est évidemment du côté de la minorité ? Pourquoi vouloir que la *Propriété* cède devant la *Main-d'œuvre,* et réciproquement, si la raison et le droit font défaut à la majorité ?

Nous avons écrit à la couverture de cette Lettre ces mots de Frédéric le Grand, de Prusse, *le Droit est le Droit et doit prévaloir à la fin,* malgré le nombre.

Voilà pourquoi la *Paix sociale* ne règnera que du moment où chacun pourra exercer librement ses droits, et cela indépendamment du nombre. Or, cela arrivera et prévaudra à la fin, et j'espère bientôt.

Ma proprosition, celle que cet écrit tend à démontrer, est qu'un Etat ne doit pas s'appuyer sur le nombre, mais sur *les forces qui le constituent.*

Vous pouvez avoir pour vous le nombre, et avoir contre vous les forces sociales. Nous sommes témoins, tous les jours, depuis vingt ans, de cette anomalie contraire à la raison et au bon droit.

Il est évident que le problème consiste à trouver la vérité en dehors de la loi du *nombre.*

II

Qu'est-ce que le suffrage universel véritable ou honnêtement pratiqué ?

C'est l'équilibre établi entre les forces sociales : et c'est, en même temps, comme on le verra dans ces pages, la solution du *Grand Problème* actuel ou la *Paix sociale.*

Il ne faut pas seulement *compter* les suffrages, mais les *peser ;* et c'est la loi qui doit donner les moyens d'équilibrer le nombre par la qualité. Il ne faut pas confondre des intérêts qui sont et qui seront toujours essentiellement distincts. La société est un corps, un vrai corps moral, ce n'est pas moi qui l'ai dit le premier ; le Créateur veut et conserve ce corps parfaitement organisé. Si les divers membres qui le composent sont nécessaires, le cœur et la tête et le sang, la Religion et le Pouvoir public et le Capital ne lui sont pas moins essentiels. Or, le vote *numérique* confond tout, déplace tout, *désorganise* tout, fait de la société une agglomération monstrueuse, où l'on ne sait plus, où l'on ne peut plus distinguer ni la tête, ni les pieds, ni les yeux, ni les mains... Et c'est pourquoi le désordre y est et y sera toujours en permanence, car la loi du nombre, telle qu'elle se pratique, est une loi contre la nature même des choses.

Dieu a établi la distinction et la hiérarchie dans les mondes angéliques ; il a établi également la distinction et la hiérarchie dans les sphères célestes du firmament étoilé ; il a encore institué la distinction et la hiérarchie dans le corps mystique de l'Eglise. Partout, dans les œuvres divines, je vois un ordre admirable, parce que Dieu a créé une place pour chaque être et pour chaque chose, et qu'il a mis chaque chose et chaque être à leur place ; et vous vous obstinez à faire du *Corps social* une agglomération où, grâce au nombre fatal, la plupart des *forces sociales* sont privées de leur action et jetées hors de leur sphère ?

Vous voulez composer un Conseil municipal, comment vous y prenez-vous ? Vous n'avez qu'une urne. Vous jetez pêle-mêle, dans cette urne, la tête et le cœur, les pieds et les cheveux, la science et l'ignorance, la conscience et l'absinthe, la haine et l'amour. Et le monstre, car c'est un monstre, est formé. Il représente la commune à peu près comme la mort représente la vie, comme cent cruches représentent un vase en porcelaine ou en cristal, comme un amas de pieds, de mains et de jambes, sans yeux, sans tête, sans cœur et sans entrailles, représenteraient un portrait quelconque.

C'est ridicule et absurde, car enfin il faut se servir du vocabulaire pour donner aux choses leur vrai nom.

Au contraire, pour composer un Conseil qui représente toute la commune, je commence par demander au *Pouvoir* de désigner une représentation ; à la *Propriété* de désigner la sienne ; la *Main-d'œuvre* nommera ses délégués ; le *Principe religieux, commercial* et *industriel* sera respectivement représenté, etc.

J'aurai : 1º Le Pouvoir ou l'Autorité ;

2º La Propriété ;

3º La Main-d'œuvre ;

4º Le Commerce et l'Industrie, etc.

Tout ce qui constitue une force sociale sera représenté dans le corps social ; ce sera le *suffrage universel véritable* ; j'aurai ainsi une place pour chaque chose et chaque chose à sa place. Ce sera l'ordre ou la *Paix sociale.* La tête, le sang, le cœur, les divers membres auront, chacun, leur place et leur action. Le corps sera organisé et la vie circulera abondante dans toute son économie ; les riches ne domineront plus les pauvres ; les pauvres ne porteront plus une envie désastreuse aux riches. Nul n'aura raisonnablement à se plaindre ; car chacun aura son rang, sa place et son action. Je n'aurai pas détruit les passions humaines, inhérentes à notre nature déchue ; mais la société ayant mis chacun à sa place et garantissant à chacun l'exercice de ses droits, la rivalité contre nature disparaît, et la guerre civile n'a plus de raison d'être.

III

Ce que je propose n'est pas arbitraire.

Cette proposition me paraît incontestable : *Dans tout corps social, toutes les forces sociales doivent être représentées.*

Cela me paraît si clair et si péremptoire que je ne pourrais m'empêcher d'accuser de parti-pris, de préjugé ou d'ignorance systématique, celui qui ne voudrait pas admettre une vérité si simple et pourtant si capitale.

Là, il n'y a rien d'arbitraire. L'arbitraire était, hier, dans le cens électoral, qui faisait une part si large à la classe aisée, c'est-à-dire au petit nombre, au détriment de la classe ouvrière. L'arbitraire, nous le voyons aujourd'hui régner dans la loi du nombre, qui favorise les masses, hélas ! pour le malheur même des masses, et au détriment de la classe aisée et du bon ordre qui doit régner dans l'État. Hier, c'était la guerre qui partait des riches contre les pauvres ; aujourd'hui, ce sont les pauvres qui, enflammés par un faux prétexte de vengeance, s'attaquent à tout ce qui leur paraît revêtu d'une supériorité quelconque.

Hélas ! jusqu'à la venue du royaume de Dieu, s'écrie M. de Farémont, il y aura toujours des riches et des pauvres ! C'est la loi de la douleur imposée au monde. Il y aura toujours des grains de sable et des montagnes ; des gouttes d'eau et de vastes mers. Toujours ce qui est petit vivra à côté de ce qui est grand ; et ce qui est grand cherchera à dominer et dominera, en fin de compte, ce qui est petit, — mais il le protégera, pour obéir à Dieu ; — et ce qui est petit s'attachera à ce qui est grand, et il l'aimera, pour son propre bonheur....

Que de fois, par les belles nuits d'été, nuits où le calme est au loin, où l'air est si doux, où le ciel est tout étoiles, que de fois mon âme, après s'être élevée jusqu'à l'ordre qui gouverne ces régions supérieures, qui roulent sur nos têtes avec leurs décorations brillantes, est descendue vers la terre et vers l'ordre qui devrait gouverner la terre ! Que les astres m'ont révélé de choses sur les hommes ! La pensée de Dieu est partout la même, et la beauté comme la durée de ses œuvres tiennent partout aux mêmes lois.

La grande étoile dit-elle à la petite : Va-t-en et perds-toi en errant dans l'espace? La petite étoile dit-elle à la grande : Je te heurterai et te ferai tomber du ciel? Non, toutes se souffrent, que dis-je? toutes se protégent, toutes s'aiment, et dans ce mouvement universel qui les balance dans les champs azurés de l'espace, pas une ne se révolte, pas une ne se détruit.

Hommes, Législateurs, Ministres, Sénateurs, Députés, levez les yeux au ciel, et apprenez de lui la loi de vie pour la France.

Pourquoi y a-t-il parmi nous haine entre ce qui est fort et ce qui est faible, entre ce qui est faible et ce qui est fort? Pourquoi le grain de sable est-il las de la montagne et la goutte de rosée porte-t-elle envie à l'abondance des mers? Pourquoi aussi la montagne est-elle lasse du grain de sable, et la mer, de la goutelette qui va s'évaporer?

O riches, riches! vous embrasserez les pauvres; ô pauvres, pauvres! vous embrasserez les riches. La loi du nombre va disparaître; une nouvelle loi, fondée sur la nature même des choses, va surgir des événements dont nous serons les acteurs triomphants ou les victimes; cette loi nouvelle n'excluera personne, donnera et assurera à chacun ses droits. Riches et pauvres seront admis et s'assiéront au même banquet. Chaque force sociale enverra ses représentants, au même titre, dans le corps social. Le nombre ne doit plus faire la loi, c'est-à-dire la justice; c'est la loi, c'est-à-dire la justice qui dirigera le nombre. La loi du nombre, c'est l'exclusion d'un grand nombre et souvent l'exclusion de ce qui soutient l'Etat.

Le suffrage universel, tel que nous le proclamons, c'est l'admission de tous, je dis *de tous*, dans leur sphère et dans leur ordre, à l'administration et au gouvernement des intérêts de tous.

Dans la loi du nombre, il y a toujours des vaincus, puisqu'il y a des vainqueurs ; il y a des défaites, puisqu'on compte des victoires ; et, c'est triste, quand on voit des citoyens se réjouir des humiliations de leurs concitoyens ; des frères et des compatriotes, danser, chanter et boire devant les maisons silencieuses de leurs compatriotes et de leurs frères, désespérés des suites d'un combat acharné. La loi du nombre souffle la haine dans les cœurs, en attendant qu'elle mette la torche ou le poignard dans les mains.

C'est mon *delenda Carthago.*

Le Problème, dont je présente la solution nette et précise, n'exclut personne, admet tout le monde ; il y aura bien encore des non-élus, mais par leur faute, car ce sera le résultat de préférences indestructibles dans l'humanité. Ce seront des questions de détail, dont ne doit pas s'occuper une loi humaine. Mais, ce que chacun peut comprendre, c'est que l'antagonisme entre les classes n'aura plus d'aliment ni raison d'être, là où chaque classe aura sa représentation distincte et certaine dans le corps social. L'arbitraire et ses caprices auront fait place à la nature même des choses et aux inspirations pacifiques du Droit.

IV

Le nombre n'est pas la nation. Où est-elle ?

Pour frapper la loi du nombre d'un coup mortel, je n'aurais qu'à énoncer une proposition que tout le monde connaît et que personne n'invoque contre le système en vogue. Cette proposition, la voici : un nombre n'a de valeur que par sa position. Vous avez neuf unités contre deux dizaines, et vous prétendez que neuf l'emportent sur deux. Insensés! regardez donc la position, tenez compte de l'ordre que les chiffres occupent, et vous serez convaincus que deux, dans la position des dizaines, ont une valeur bien supérieure à neuf, placé dans le rang des unités. Que devrait-on dire des centaines, des mille et des autres ordres supérieurs? Il est incontestable qu'en regardant simplement aux chiffres significatifs sans considérer le rang qu'ils occupent, vous tomberez dans les erreurs les plus grossières, les plus lourdes; et c'est ce que fait la loi du nombre, car elle ne distingue pas entre les individus : tous, pour voter, ont la même valeur, qu'ils soient des zéros ou des unités simples, ou des capacités à intelligence d'élite, à conscience droite, à valeur morale équivalant à des milliers et à des millions.

Telle est l'erreur profonde de la loi du nombre. — Mais, dira-t-on, les hommes sont égaux. — Cela n'a jamais été, cela ne sera jamais. Je ne m'arrête pas à une proposition qui n'entre pas dans mon plan; d'ailleurs, il ne faut pas une grande somme de savoir et d'études, pour dire que les hommes ne sont égaux ni en intelligence, ni en sentiments, ni en force ou taille physique, etc.

Il n'est pas question, non plus, du mérite *intrinsèque* de chacun. C'est à Dieu, et à Dieu seul, à juger de la valeur intrinsèque des hommes. C'est une affaire qui ne regarde nullement la société humaine.

Mais il appartient à la loi humaine de déterminer la valeur des positions *extérieures*, *sociales*, *visibles*, *palpables* et *publiques*.

Or, ces positions *sociales* et *publiques* constituent des inégalités indiscutables et certaines. Pourquoi la loi ne pourrait-elle tenir compte de ces inégalités *sociales* et *publiques?* Pourquoi la loi ne leur donnerait-elle pas des droits distincts?

Là où des intérêts sont divers, les représentations doivent être diverses ; à des droits sociaux différents, il faut une action sociale différente. Cela est indiscutable.

Cela, c'est de la raison au premier chef ; c'est le sens commun dans sa forme élémentaire.

Venons à des exemples. La nation se compose de dix millions d'électeurs. Mettons-le ainsi. On lui pose une question. Sept à huit millions répondent *oui,* deux millions répondent *non,* ou ne répondent rien du tout.

En présence des sept ou huit millions de *oui,* s'ils sont pour la *République,* les républicains s'écrient : la nation a prononcé son verdict, *vive la République !*

Hier, ces sept ou huit millions avaient répondu *oui* à l'*Empire,* et les partisans du régime s'écriaient : la nation a prononcé son verdict, *vive l'Empereur !*

Demain, ces sept ou huit millions se rangeront autour du Maréchal de Mac-Mahon, ou de ses adversaires, et l'on dira : le peuple ou la nation a prononcé son verdict, *vive Mac-Mahon !* ou *vive Gambetta !*

Hélas ! hélas ! combien il est inexact de parler de *peuple* ou de *nation,* là où vous n'avez que du nombre, que des chiffres ! De l'arbre national ou populaire avez-vous le tronc et les branches ? non ! vous n'avez que les feuilles ; vous n'avez que ce qui varie avec le vent, que ce qui naît ou disparaît avec les saisons. Le vent a soufflé hier à droite, et vous avez eu l'Empire ; il a soufflé aujourd'hui à gauche, et vous avez eu des Naquet et des Barodet. Demain..... Enfin, ne parlez pas de nation. Vous n'avez ni le capital, ni le sol, ni le commerce, ni l'industrie, ni la vie intellectuelle ni morale... Vous n'avez que des cris et des appétits, des fureurs et de l'absinthe : vous n'avez que la nation du partage et des jouissances grossières, la nation de la haine et de l'impiété, de la sensualité et de l'ambition... Vous n'avez pas la vraie nation !...

Savez-vous où est la nation ?

1° Dans le Pouvoir personnifié par un chef, par le Roi de France.

Et songez que le Pouvoir, dans toute société, n'est pas une roue dont on puisse se passer. Il n'y a pas de société sans Pouvoir. De graves erreurs circulent dans les esprits imbus des fausses données du libéralisme. On croit, à tort, que le Pouvoir vient d'en-bas, contrairement à cette révélation de saint Paul : *Non est potestas nisi à Deo*, le Pouvoir vient de Dieu. L'homme qui l'exerce sera celui que vous voudrez, mais le Pouvoir, c'est un principe social qui vient de Dieu comme la société elle-même. Le Pouvoir est essentiel à l'existence même de toute nation ; il n'a jamais pu, il ne peut nullement en être disjoint. Le peuple, en tant que réunion d'individus, ne peut donc en être la racine, puisqu'en faisant disparaître le Pouvoir vous faites en même temps disparaître le peuple, et l'on n'a plus qu'une multitude disjointe. Une nation n'est nation que par l'adjonction d'un Pouvoir.

Dieu qui veut la fin veut aussi le moyen ; il veut la société, il veut donc aussi le Pouvoir, sans lequel la société ne saurait subsister. Je suis royaliste, parce que la société ne peut se passer du principe du Pouvoir. Or, la société ne fait pas le Pouvoir, c'est l'auteur de la société, c'est Dieu.

La société a des *droits*, le Pouvoir est armé et a le *devoir* de protéger ces *droits*. Il en règle l'exercice par des lois justes, par des coutumes traditionnelles et con-formes aux intérêts généraux. Régler ces droits par la justice et les protéger par la force, telle est la mission du Pouvoir ; il faut, je dis *il faut*, qu'il protége les droits individuels, les associations domestiques et les associations libres, les droits de la conscience et les droits de l'Église, les droits de tous.

Or, cela ne dépend nullement du bon vouloir des individus, cela touche à l'essence même de la société. Donc, *Non est potestas nisi a Deo.*

Il est aussi impossible d'avoir une société sans un Pouvoir, que d'avoir un corps constitué sans tête.

2° Une nation est encore représentée dans une Haute-Assemblée, Sénat ou Pairie, où sont réunies, par désignation du Monarque, les illustrations du pays.

Cette Haute-Assemblée doit être l'*âme* de la nation. Voilà pourquoi l'élection n'a point à désigner ses membres : c'est la raison, c'est le bon sens qui doivent la remplir. De quoi se compose l'*âme* de la nation ? Des hommes qui ont brillé dans l'Eglise, dans la magistrature, dans l'armée, dans les sciences et les lettres, dans l'exercice des fonctions publiques.

Or, pour trouver ces hommes, le Pouvoir est mieux en mesure que personne d'être renseigné ; et voilà pourquoi, dans les Etats sagement constitués, comme en Angleterre, etc., la Couronne a eu toujours le privilége de désigner des membres pour la Chambre des Lords.

Les principes des lettres, des sciences, de la religion, de la magistrature, de l'armée, etc., étant tous universels, sont, par suite, de tous les départements et de toutes les provinces. Voilà pourquoi un savant de Lyon ou de Marseille peut parfaitement représenter les savants de Toulouse ou de Bordeaux, et réciproquement, comme un évêque d'Angers et un magistrat de Bourges peuvent parfaitement représenter tous les prélats et tous les magistrats de la France.

3° Enfin, une nation sera représentée par une Chambre de Députés élue par les *forces sociales* de cette nation.

Il n'est pas et il ne peut être question de nombre ; il s'agit de prendre dans la nation ce qui forme et constitue son *corps :*

1º La *Propriété* ; 2º la *Main-d'œuvre* et 3º le *Commerce et l'Industrie.*

Chacune de ces forces sociales nommera un ou deux représentants, dans chaque département, selon son plus ou moins d'étendue. C'est un détail à déterminer par la loi. Je m'en tiens au principe : aucune force sociale ne doit être annullée ; or, la Propriété, la Main-d'œuvre, le Commerce et l'Industrie sont des forces sociales. Donc, la loi doit assurer, à chacune, sa représentation spéciale et distincte. Hors de là, c'est l'injustice, c'est la destruction des droits respectifs, c'est la haine et la guerre.

Ne parlez pas, je vous prie, de cens, de priviléges, de castes momifiées..... Je donne, encore une fois, à chacun ses droits, nul n'a raison de se plaindre. Je ne méprise personne ; chaque force a sa place marquée dans la salle du festin ; chaque force peut prendre sa part au banquet. N'est-ce pas la *Paix sociale ?*

Dans le système actuel, car ce n'est qu'un système, la qualité doit lutter contre la quantité ; et, après une défaite imméritée, ou du moins toujours déplorable, se condamner à un morne silence, vivre dans une triste exclusion. Dans ce fatal système numérique, selon le plus ou moins d'habileté qu'on déploie, selon la force plus ou moins morale dont on use, le vainqueur d'hier sera le vaincu d'aujourd'hui, et l'un et l'autre peuvent demain être mis sous les pieds d'un troisième parti, qui aura su mettre à profit les divisions de ses adversaires..... C'est la guerre sociale en permanence, parce que la loi maintient l'erreur sociale et l'injustice publique en permanence.

En résumé, un peuple n'est souverain que lorsqu'il est constitué ; et il n'est constitué que par ces trois principes mis en jeu et en action :

1º Pouvoir, personnifié dans le Chef ;

2º Haute-Assemblée, *âme* de la nation ;

3° Chambre élue, *corps* de cette nation, représentant les forces matérielles de l'Etat sans exclusion d'aucune, au profit des autres.

V

Différents corps sociaux.

Les principes étant posés, je pourrais arrêter ma plume. C'est à la loi à determiner les détails. J'estime néanmoins que plusieurs de mes frères les Français ne seront nullement fâchés de savoir comment seront composés les corps sociaux.

Mes amis, c'est très-simple: Le Législateur écrit dans la loi ceci : Toute force sociale doit être représentée dans un corps social. Donc :

A. Le Conseil municipal sera composé comme suit:

1° La représentation du Pouvoir, un ou deux membres;

2° La représentation du Principe religieux, un ou deux membres du Conseil de Fabrique. S'il y a des cultes dissidents, chaque culte aura sa représentation, comme cela se pratique déjà pour les commissions des hospices et de bienfaisance;

3° La représentation de la Propriété, trois, quatre, cinq, six membres, selon l'importance de la population. C'est la loi qui déterminera la quotité du revenu, pour qu'on puisse appartenir à cette classe;

4° La représentation de la Main-d'œuvre, même nombre que pour la Propriété. La loi déterminera ici encore les conditions à remplir, pour faire partie de cette classe;

5° La représentation du Commerce et de l'Industrie, d'après l'importance de la population;

6° La représentation de la Magistrature, du Barreau et

des Notaires, s'il y en a, par exemple dans les chefs-lieux d'arrondissement, deux ou trois membres.

Dans le cas où l'unanimité s'établit pour une question au sein d'une municipalité ainsi constituée, le *visa* du Préfet donné dans la quinzaine suffira pour la mettre à exécution. S'il y a partage d'opinions, la délibération motivée sera envoyée à un Conseil supérieur, siégeant au chef-lieu du département. Ce Conseil supérieur décidera en faveur du bon droit. Les décisions de ce Conseil supérieur peuvent encore être frappées d'appel, dans un délai fixé, devant un Conseil national, qui siége auprès du Gouvernement. Ce Conseil national décide en dernier ressort.

B. Le Conseil départemental, ce qu'on appelle aujourd'hui le Conseil général, sera composé des forces sociales du département ; le département aura donc :

1° La représentation du Pouvoir, le Préfet et un membre de la Préfecture ;

2° La représentation du Principe religieux, l'Évêque et un prêtre désigné par l'Évêque ou élu par ses confrères ;

3° S'il y a des cultes dissidents, il faut leur donner leur représentation spéciale ; pas d'exclusion, mais la paix ;

4° La représentation de la Propriété, deux ou trois organes, un par arrondissement ;

5° La représentation de la Main-d'œuvre, deux ou trois organes, un par arrondissement ;

6° La représentation de la Magistrature, du Barreau et du corps des Notaires, deux ou trois organes simplement ;

7° La représentation du Commerce et de l'Industrie, deux ou trois organes simplement ;

8° La représentation de l'Instruction publique et des Lettres, deux ou trois organes.

S'il y a d'autres forces sociales, il faut leur assurer leurs droits, c'est-à-dire leur représentation.

Ici encore, l'unanimité, dans une question, emportera son exécution. Dans le cas de divergence, le Conseil national décidera en dernier ressort.

C. La représentation de la Nation a été traitée au chapitre IV.

Nous n'ajoutons qu'un mot.

D'après le vieil adage *Lex fit constitutione regis et consensu populi*, la loi sera votée par les grands corps de l'État, Haute-Chambre et Chambre des Députés et promulguée par le Chef, je veux dire par le Roi. Le Roi peut toujours refuser sa sanction souveraine. Cela résulte de la nature même du Pouvoir, dont nous avons déjà touché l'importance.

Assez, mes amis, assez de parlementarisme et de libéralisme. Il est impossible, si on veut jeter un regard, même rapide, sur les événements qui ont affligé le monde depuis 1830, et particulièrement depuis le 4 septembre 1870, il est impossible de ne pas voir que le parlementarisme et le libéralisme ont été et sont encore le fléau de la France et un désastre pour l'Église. .

Certes, j'aime la liberté, celle qui est née au pied de la Croix, ou mieux qui est sortie des cinq plaies du divin Crucifié, puisque l'Église appelle ces plaies le prix de notre liberté, *nostræ pretia libertatis* (Office de la fête des cinq plaies). Celle-là, je l'ai entendu prêcher souvent sur la chaire catholique et chanter par des poètes fidèles et très-dévoués au Saint-Siége. Mais le libéralisme, c'est la fausse monnaie de la liberté. La liberté, comme la république, doit être chrétienne ou elle n'existe pas. Le péché rend l'homme esclave; c'est la vertu, dans la vérité, qui lui acquiert la liberté, *veritas liberabit vos.*

Est-ce que la vraie liberté n'est pas le pouvoir ou la faculté d'exercer son droit, en respectant le droit d'autrui, ou bien la pondération ou l'équilibre entre le droit et le devoir? Elle consiste essentiellement dans les limites du Pouvoir.

D'ailleurs, dans chaque page, dans chaque ligne de ce petit écrit, il est facile, ce me semble, de voir que mon but est d'assurer l'accord de l'autorité et de la liberté; c'est le moyen d'obtenir et d'assurer la *Paix sociale.* Trop d'autorité, c'est le despotisme, que ce soit sous un seul chef ou sous la République, n'importe. Je vois même et je suis convaincu que la République contient, sous une forme en apparence libérale, plus de despotisme et de tyrannie même que l'impérialisme. Trop de liberté dégénère en licence, et produit les troubles publics.

Mais, au contraire, que chacun demeure dans ses limites, je veux dire ne sorte pas de son domaine et de son droit; que chacun rende à son frère ce qui lui appartient; que chacun, enfin, soit juste, et la liberté règnera, parce que l'autorité la protégera.

Si on ne l'avait pas encore compris, je demande d'ajouter une explication importante :

Chaque mairie possèdera autant de listes d'électeurs qu'il y a de forces sociales dans la commune.

Ce n'est pas là un travail plus difficile que celui dont les municipalités sont chargées. Avoir les électeurs réunis dans une même liste ou les diviser en catégories distinctes et séparées, c'est imposer le même travail ou à peu près.

Les propriétaires ! Le percepteur communal en donnera la liste, d'après le taux de leurs contributions. Ce taux, qui doit indiquer un homme vivant de son revenu, sera déterminé par la loi. C'est une question de détail ou de fait.

Les ouvriers ! Les habitants, qui ne sont pas compris dans la liste des propriétaires et qui vivent de leur salaire, formeront une autre liste.

La représentation de l'autorité ! Mais M. le Préfet désignera deux hommes, pour siéger, à ce titre, dans le Conseil municipal.

La représentation morale et religieuse ! Mais le Conseil de Fabrique et le Conseil presbytéral désigneront, chacun, deux délégués dans ce but, etc., etc.

Je le répète : chaque force sociale a sa liste, et chacune envoie ses délégués distincts et séparés, pour former le *corps social.*

Puisse chaque lecteur, puisse chaque homme d'Etat voir, dans ces notions si simples, si claires, si justes surtout, la solution du grand problème par le *suffrage universel honnêtement pratiqué,* c'est-à-dire la *Paix sociale !* Puisse chacun de ceux qui aiment la France et qui cherchent le moyen de la relever, s'écrier, comme Archimède et comme celui qui trace ces lignes : *Euréka ! Je l'ai trouvé !*

VI

Et si le Roi n'est pas d'accord avec les Chambres ?

Nous avons dit que si les Conseils municipaux ou départementaux ne sont pas unanimes, il y a un Conseil supérieur, et, au besoin, un Conseil national pour décider les questions en dernier ressort.

Mais que faire dans le cas où la Couronne serait en désaccord avec les Chambres ? Est-ce que la *Paix sociale* ne sera pas troublée ? D'abord, mes amis, nul ne prétend mettre sur la terre la paix complète et souveraine qui règne dans le ciel, *pax summa.* Il y aura toujours, dans l'exil, quelques sujets de larmes qui feront soupirer après les joies de la Patrie. Je pourrais me contenter de cette réponse ; car, je n'ai pas la mission de faire, comme

Dieu, *la loi aux rois* et *de leur donner de grandes et de terribles leçons.*

Et néanmoins, comme aujourd'hui la presse, à tort ou à raison, traite de tout, touche à tout, s'occupe de tout, je me permettrai de dire un mot de réponse à la question qui nous occupe.

C'est toujours sur un principe qu'il faut s'appuyer ; il faut redouter ces écrivains ou ces philosophes qui décident les affaires les plus sérieuses par les impressions du moment, d'après des préjugés fort ridicules, et selon des parti-pris très-condamnables. Nous avons dit : *Lex fit constitutione regis et consensu populi.* Quand il y aura désaccord, eh bien ! il n'y aura pas de loi. La question restera en suspens, le projet demeurera à l'état de projet.

Les lois étant l'expression des mœurs, — ce qui, par parenthèse, est faux depuis quatre-vingts ans pour la plupart des lois qu'on bacle à la vapeur, — s'il y a divergence, c'est que les mœurs ne seront pas assez préparées et que l'opinion n'est pas encore mûre. On attendra, et la paix ne devra pas, pour cela, être troublée un instant.

Et si la question, comme dans le Budget, ne peut pas attendre ? Eh bien ! le Roi, nul ne lui refusera ce droit, mettra en exécution le dernier Budget régulièrement voté. Est-ce que le Pouvoir n'est pas chargé, de sa nature, d'assurer le fonctionnement régulier des services publics et de garantir les droits de tous ?

Mais, enfin, ce chapitre peut être considéré comme étant sans objet, car, ce qui amène et fait naître trop souvent les conflits, c'est la loi du nombre, c'est cette loi absurde qui confond et embrouille toutes les situations et tous les droits.

Dès que les *corps sociaux* seront constitués en vertu des *forces sociales* distinctes et séparées, les conflits, possibles c'est vrai, n'arriveront que *par hypothèse.*

Au surplus, si le mot de *Roi* blessait quelqu'un, qu'il mette, à la place, celui d'*Empereur* ou de *Président*, je m'accommoderai de tout ; car, si j'appuie sur le Pouvoir, qui est un *principe*, je suis assez indifférent sur le nom donné au Chef de l'Etat, qui peut être regardé comme une convention.

Je veux la paix, et je serais heureux de l'obtenir même sur la question de celui qui exerce le Pouvoir.

VII

Et c'est le Progrès.

Verrons-nous bientôt la société organisée comme nous l'avons indiqué, dans la justice et la vérité ? C'est le secret de Dieu, et il nous est impossible de préciser le jour ni même l'année, où tout sera dans l'ordre. L'ordre ! on l'a défini *une place pour chaque chose et chaque chose à sa place.* Les Propriétaires, les Ouvriers, le Commerce et l'Industrie, le Principe religieux et le Principe du Pouvoir, tous les *éléments sociaux* auront-ils bientôt, de par la loi du nombre effacée et de par la loi du droit mise en vigueur, leur place distincte et séparée, mais obligée, dans chaque *corps social ?* Nous l'ignorons encore une fois ; mais on y viendra, parce que le Droit est le Droit, c'est notre devise, et doit prévaloir à la fin ; parce que, comme nous l'avons montré dans la première partie de ce travail, — *Le Progrès* — le Christ se développe toujours dans l'humanité. Or, le développement du Christ dans le temps, avons-nous dit, c'est le véritable Progrès.

Oui ! grâce à l'évolution de la Pensée divine, qui est le Christ, incarné parmi nous et vivant toujours dans l'Eglise, de gré ou de force, la société civile, comme la société religieuse, en viendra là, dans un prochain avenir, avant de terminer sa tâche sur la terre.

Tous les esprits sérieux se préoccupent du problème social. Nul homme de quelque valeur ne se désintéresserait dans cette œuvre capitale. Depuis quelque temps, la presse conservatrice dénonce le suffrage par *le nombre* comme une absurdité, un mensonge social. Pour vous, Monsieur le Comte, que n'avez-vous pas fait pour avancer vers le but désiré? Vos succès, des succès que vous n'osiez entrevoir, vous étonnent et vous font tressaillir d'espérance.

Or, qu'on veuille bien, dans le calme de la raison et de la conscience, sans préjugé et sans parti-pris, peser les considérations, peu littéraires, il est vrai, mais sérieusement méditées et profondément senties, que j'ai l'honneur de présenter dans ces pages, et l'on répétera le mot historique d'Archimède *Euréka*, le Problème est résolu, la *Paix sociale* régnera. Il est temps de faire passer la vérité, la justice, la réalité sociale dans la loi, et la société est sauvée.

Or, c'est là ce que j'appelle encore le développement du Christ dans l'humanité, c'est là le Progrès.

En effet, depuis la publication de la première partie, deux grands événements ont eu lieu : le saint Concile du Vatican et la chute du deuxième Empire.

Le saint Concile du Vatican a justifié largement la grande thèse que j'ai eu l'honneur d'exposer dans *le Progrès* ou *Etude sur Jésus-Christ*. La question magistrale de l'Infaillibilité a été définie et proclamée. Cette définition a développé la notion du Christ dans l'Eglise, l'Eglise a été en progrès. Sans doute, on a toujours cru que l'Eglise est infaillible dans les questions qui intéressent le dogme et la morale. Mais où résidait l'Infaillibilité? Qui en était le sujet? Dans le corps des Pasteurs unis à leur Chef, répondait-on. Mais le Saint-Esprit agit-il directement sur la tête et sur les membres également et à la fois, ou bien assiste-t-il d'abord les membres pour influer sur le Chef, ou enfin communique-t-il son assistance au Corps par le moyen du Chef? C'est ce dernier point qui est la vérité. Le sujet de l'Infaillibilité, c'est le Pape ; c'est lui qui est l'Infaillible, et c'est par lui que le Corps épiscopal participe à l'assistance divine du Saint-Esprit. Et ainsi, cette vérité qui était resté dans l'ombre, pendant dix-huit siècles, et quant au sujet, est aujourd'hui dans une souveraine lumière : c'est la tête qui communique, dans l'Eglise, l'assistance divine aux membres inférieurs. L'Autorité a été fortifiée, dans le corps mystique de l'Eglise, et présente une base plus solide et plus large à la liberté. Plus cette base est inébranlable et profonde, et plus l'édifice pourra s'étendre et s'élever. C'est la raison éternelle du Verbe qui se développe dans le temps ; nous l'avons défini, c'est le Progrès.

Dans la société civile, il faut en venir là, c'est nécessaire. Mais la Providence gouverne l'Eglise et l'Etat d'une manière différente : Elle dirige l'Eglise par voie de révélation et d'autorité. La Providence gouverne la société civile par les événements qui forment le cadre et le théâtre de l'histoire. En fin de compte, la justice élève les nations, *justitia elevat gentes*, l'erreur et le mensonge les abaissent et quelquefois les font disparaître, c'est-à-dire que Dieu finit toujours par avoir raison. Et voyez : depuis 1870-71, combien d'esprits sérieux qui croyaient au parlementarisme et qui n'y croient plus? Combien qui soutenaient la souveraineté du nombre, en tant que nombre, et qui ont ouvert, ouvrent et ouvriront, pouvons-nous assurer, les yeux à la lumière des événements? Aujourd'hui, ces mêmes esprits désabusés trouvent que le système — ce n'est qu'un système — de votation par le nombre confus est faux, archifaux, et ne peut engendrer que des désastres. Une secousse encore, que Dieu, je l'espère, va imprimer à la société, et l'*Autorité*, ici comme dans l'Eglise, apparaîtra radieuse aux regards du monde désabusé. Est-ce que, depuis le 16 mai 1877, les actes d'autorité du Maréchal de Mac-Mahon ne rassurent pas les intérêts sociaux d'une façon plus certaine que les rugissements haineux et anti-sociaux du radicalisme? Est-ce que le bâton dont il se sert à la fin et qu'il fait manœuvrer, avec calme mais avec force, ne prépare pas l'action paternelle, civilisatrice et nécessaire du sceptre royal de France?

Et je veux même avouer que la Présidence actuelle agit dans une loyauté parfaite, et sans intention de provoquer la solution que j'indique. Mais, c'est le cas de répéter *l'homme s'agite et Dieu le mène.* Depuis le 4 septembre, Dieu a *mené* toujours la France là où les républicains et les parlementaires ne voulaient pas aller. Les habiles, les libéraux et les parlementaires ont déclaré la Monarchie nationale et héréditaire impossible; et ce sont eux qui sont impossibles. La seule chose, la seule solution possible, si on veut sauver la France, c'est la Monarchie véritable. N'est-ce pas que Dieu est là, *digitus Dei est hic?* Ils ont mis l'illustre duc de Magenta (Maréchal, je vous admire comme homme, vous êtes l'homme le plus loyal de France, loyal jusqu'à l'excès; c'est votre unique défaut), ils ont mis l'illustre duc de Magenta au pouvoir, pour empêcher le fils de nos rois de gouverner, selon les seules règles capables de sauver et d'élever la France, et voilà que ce même duc de Magenta doit, je dis *doit*, pour sauvegarder son honneur et empêcher la France de rouler dans la profondeur de l'abîme, faire ce qu'ils ne voulaient pas que le Roi pût faire, pour l'honneur de son nom et pour le bonheur de la France!!

N'est-ce pas que Dieu se venge et qu'il *les mène ?*

Sans être prophète, l'intuition simple peut suffire pour s'écrier : encore un peu de temps, et la lumière sera complète, parce que Dieu aura achevé sa démonstration. Buffon n'a-t-il pas dit : *Pourquoi les ouvrages de la nature sont-ils si parfaits? C'est qu'elle travaille sur un plan éternel, dont elle ne s'écarte jamais ?*

Dieu travaille donc, son plan ne change pas. Il règne dans la gloire au milieu des neuf mondes des intelligences célestes ; Il règne dans le firmament étoilé, où Il a subordonné les petits astres aux grands, et où, pour ne parler que de notre tourbillon, Il a voulu que le soleil fût roi au centre de ses planètes : Il règne dans la famille, où Il a voulu qne l'unité précède et engendre la pluralité ; Il règne dans l'Eglise, où Il a voulu personnifier l'unité, comme dans le reste de ses œuvres, pour gouverner l'ensemble des membres qui composent l'universalité... Et Il voudrait que, dans la société civile, la pluralité enfantât l'unité, le nombre fît la loi à la justice ? Je n'en crois rien du tout.

Non ! non ! bientôt tous exerceront simultanément leurs droits ; l'ouvrier, le propriétaire, l'industriel, le commerçant, le savant et même Dieu avec le Pouvoir chrétien, exerceront leurs droits. Alors la liberté sera placée en haut et couronnera l'édifice, parce que l'autorité sera posée à la base et lui servira de fondement. Ce sera, dans l'Etat aussi, le développement de la raison éternelle du Verbe divin, ce sera encore le Progrès.

VIII

L'Autorité et la Liberté.

Il est, dans la langue des hommes, — ne peut-on pas dire aussi dans la langue des Anges? — deux mots qui font vibrer, au fond des cœurs, les fibres de la plus douce harmonie, de la plus vive tendresse.

Ce sont les deux mots, les deux noms de : père! mère!

Père! mère! deux cris, deux hymnes mélodieux qui éveillent et entretiennent, dans l'humanité, les accords ravissants de la raison la plus droite et de l'amour le plus pur.

Père! mère! deux fleurs, deux roses d'amour, qui embaument le parterre de la famille chrétienne des plus suaves, des plus délicieux parfums.

Père! mère! deux étoiles riantes placées dans le vaste firmament du monde moral, pour indiquer au matelot inquiet les écueils qu'il doit éviter et le port du bonheur après lequel il soupire.

Père! mère! deux palmiers flexibles, inclinés l'un vers l'autre, et qui abritent, sous leur amoureux berceau, le jeune voyageur contre les fureurs de l'orage ou contre les ardeurs d'un soleil trop brûlant...

Père! mère! on entrevoit, on ressent, au refrain de ces deux noms, ce que la raison a de plus élevé, ce que l'amour a de plus suave, la lumière et la tendresse, la force dans son foyer et la douceur dans son dévouement, l'Autorité avec son diadème royal et la Liberté dans sa ceinture de grâces!

O Pouvoir, tu es père, tu règnes dans les royaumes de l'éternelle Gloire, car tu garantis à chacun des Bienheureux tous ses droits, tu récompenses tous les mérites. O Liberté, tu es mère, là-haut, car chacun vit, chacun jouit selon ses vertus et sa valeur. Là-haut, c'est l'ordre parfait, car le Pouvoir a créé une place pour chacun et chacun a été mis à sa place.

O Pouvoir ! tu es père, tu règnes aussi dans ce firmament azuré qui roule sur nos têtes avec ses décorations éblouissantes. Placé au centre de chaque tourbillon, un soleil-monarque fait pénétrer sa force et sa lumière dans tous les astres soumis à sa loi, parce qu'ils voyagent dans son domaine. O Liberté ! tu es mère, car chacun conserve et exerce son action ; le Pouvoir maintient chacun dans sa sphère et, en empêchant les envahissements injustes, favorise les mouvements individuels et les activités spéciales.

O Pouvoir ! tu es père dans la famille ; tu commandes et chacun obéit ; tu agis et tu inspires le respect. O Liberté ! tu es mère, là encore, car tu tempères les actes absolus du Pouvoir ; tu aimes et tu fais régner le bonheur.

O Pouvoir ! tu es père dans l'Eglise... Tous les chrétiens prosternés devant le Vicaire de Jésus-Christ s'écrient : Saint-Père ! Et partout où l'on voit un peuple opprimé et une âme persécutée, on entend ce cri de détresse et d'espérance : le Pape ! J'en appelle au Pape. O Liberté ! tu es aussi mère dans l'Eglise, et surtout dans l'Eglise, car le Droit pontifical, le Droit-canon, si méconnu et si peu pratiqué, proclame tous les droits, défend tous les droits, condamne et anathématise les transgresseurs et les contempteurs de tous les droits.

Nul n'a la liberté, s'il ne peut exercer tous ses droits ; la liberté sous ce rapport s'appuie sur la justice, se confond avec la justice.

O Etat civil, pourquoi ne m'offrirais-tu pas, toi aussi, le Pouvoir et la Liberté ?

O Pouvoir ! là encore, tu es père, car tu gouvernes ; ô Liberté, tu es mère, car tu produis la justice pour tous, en faisant respecter les droits de tous.

Ne vous étonnez pas, mes amis, de m'entendre prononcer si souvent le mot de *droits* de tous, et si peu celui de *devoir*.

Ah ! c'est que la loi du nombre confisque les droits d'un grand nombre au profit de la classe représentée par le vote numérique. Il est évident que si j'ai un droit, mon voisin a le devoir de le respecter ; et, réciproquement, si mon voisin a un droit, j'ai pour devoir de le reconnaître et de ne pas l'amoindrir. Il n'y a pas de droit contre un droit, *non datur jus contra jus*. Une société est un corps où chaque droit commande un devoir, où chaque devoir correspond à un droit ; c'est l'équilibre entre les droits et les devoirs. Or, avec le suffrage numérique, souvent les droits de la *Propriété* sont sacrifiés, sacrifiés les droits de l'autorité, sacrifiés les droits de la morale, sacrifiés les droits de l'Eglise, sacrifiés les droits de Dieu, etc. Montesquieu, dans l'*Esprit des Lois,* n'a-t-il pas écrit : « Il y a toujours dans un Etat des gens distingués par la naissance, les richesses ou les honneurs ; mais s'ils étaient *confondus* (remarquons le mot) parmi le peuple et s'ils n'avaient qu'une voix comme les autres, (c'est bien cela aujourd'hui) la liberté commune serait leur esclavage, et ils n'auraient aucun intérêt à la défendre, parce que la plupart des révolutions seraient contre eux ? »

Est-ce que M. l'abbé Defourny n'a pas écrit : « Le suffrage universel moderne n'est que la caricature ignoble du suffrage universel d'autrefois. Il n'y a pas d'élections en France. Ce qu'on décore de ce nom n'est que mensonge, hypocrisie et corruption... Une nation est composée de familles, et non pas d'individus isolés. Il est absurde que le fils de famille ait la faculté d'annihiler le droit du chef de famille ? »

Et moi j'ajoute : il est absurde que vous ayez raison contre vingt, précisément parce que vous êtes vingt-un.

La Propriété soutient l'Etat ; le Principe moral et religieux soutient l'Etat ; le capital de l'Industrie et du Commerce soutient l'Etat, etc. Et vous voulez annihiler leurs droits par la loi du nombre ?

Je m'arrête, je pourrais faire une excursion historique dans l'Ancien Testament, où la nation était divisée, organisée en tribus, les tribus en familles, en parentés, etc. ; dans le moyen-âge, si calomnié et si peu connu, où les communes avaient leur vie propre, leurs libertés si précieuses. Mais j'appelle mes lecteurs bienveillants sur le terrain commun de la justice, de la raison et de la paix : le Droit est le Droit :

La Propriété a des droits, respectez-les.

L'Autorité a des droits, respectez-les.

Le Commerce et l'Industrie ont des droits, respectez-les.

L'Eglise a des droits, respectez-les encore.

Dieu a des droits, respectez-les toujours.

Et la Main-d'œuvre verra aussi les siens fidèlement respectés. Respect aux droits de tous, voilà la *Paix.*

Et toi, Pouvoir, tu les garantiras tous, ces droits ; tu les protégeras tous ; tu agiras en père.

Et toi, ô Liberté, tu diras à tous : aimez-vous les uns les autres, exercez vos droits mais n'empiétez pas sur les droits d'autrui ; tu agiras en mère.

Toi, ô Pouvoir, tu mettras chacun à sa place ; toi, ô Liberté, tu l'embrasseras pour l'empêcher d'en sortir. La société sera, non plus un monstrueux assemblage, mais un corps vivant où chaque membre remplit sa fonction. Le Problème sera résolu : le suffrage universel, et non le suffrage numérique, sera *honnêtement pratiqué,* et la *Paix sociale* règnera, avec la sanction de l'Eglise et pour le bonheur de la France.

IX

Conclusion.

O Christ Sauveur, Verbe et Splendeur éternelle du Père, Pensée substantielle, Pensée unique, Pensée reine du Père, c'est par Vous que Dieu le Père a tout conçu, tout créé, tout coordonné, *omnia per ipsum facta sunt;* c'est par Vous qu'Il a prédestiné le monde de la nature au monde de la grâce, et le monde de la grâce au monde de la gloire; et, par suite, le Père embellit Votre front des roses de l'aurore; Il Vous revêt des splendeurs du soleil; Il déploie à Vos pieds le tapis verdoyant des vallons: mieux que l'astre argenté des nuits, Il Vous couronne du brillant diadème des étoiles; c'est par Vous et pour Vous qu'Il fait jaillir l'onde pure des fontaines, qu'Il fait, dans le grand Palais du monde, flotter gracieusement le rideau bleu des montagnes; chanter, comme les Anges, les bandes ailées des bocages..... Dans le monde mystique, c'est pour Vous et par Vous que la foi des martyrs a remporté la victoire sur le paganisme; que la science des docteurs a, dans le firmament de l'Eglise, fait briller le grand flambeau de la Vérité; que la sagesse des anachorètes et que le zèle des apôtres ont fait germer sur la terre les fleurs de toutes les vertus et produire partout les fruits de toutes les bonnes œuvres; que l'Immaculée Conception levée à Rome et reflétée à Lourdes a, dans un ciel nuageux, fait resplendir l'espérance; que les droits respectifs de l'Eglise et de l'Etat, de la conscience et de la justice se sont affirmés, dans le *Syllabus* et dans le saint Concile du Vatican, avec la même autorité qui fit, du haut des sommets enflammés du Sinaï, voler Votre voix sur les ailes de la foudre..... O Christ Sauveur, ils veulent bâtir un monde sans Vous, sans Votre vérité, sans Votre morale, sans Votre principe chrétien du Pouvoir. Ils renouvellent Babel, et ils renouvelleraient le déluge pour submerger le monde dans le sang, si Votre miséricorde ne se hâtait de nous retirer de l'abime de nos erreurs. Ils ne veulent pas de Vous, et ils se jettent dans une République athée ou impie ; ils ne veulent pas de Vous, et ils se jettent dans les bras de quiconque veut les tromper ou sait les endormir ; ils reviendront, pour Vous échapper, aux pieds d'un jeune César, hélas ! pour leur propre malheur et pour le malheur de leur idole..... car, à l'heure marquée dans Vos immuables décrets, on Vous verra, comme saint Jean Vous vit dans l'Apocalypse (XIX, 11), *monter sur un cheval blanc ; on Vous appellera la Fidélité et la Vérité ; Vous jugerez et Vous combattrez pour faire triompher la justice, et vocabitur Fidelis et Verax, et cum justitiâ judicat et pugnat.* Un coup de foudre éclatera, leur République insensée aura disparu, le trône éphémère des Napoléon, bâti sur le sable mouvant du nombre, volera en poussière, et la voix vibrante de l'univers réveillée d'un trop long sommeil s'écriera : Gloire à Dieu ! Gloire à son Christ vainqueur ! *Vive le grand Monarque que Dieu nous a gardé !* Le monde aura fait un nouveau pas dans la route divine du Progrès.

Agréez, Monsieur le Comte, l'hommage de mon respectueux dévouement.

L'abbé LÉON BAYLET.

P. S. Tout lecteur attentif comprendra facilement que cette Lettre n'a pas pour but de faire disparaître, du sein de la société, les abus qui résultent de l'état de déchéance dans lequel l'humanité a été précipitée par la révolte d'Adam, le premier homme. Comme les passions humaines existeront toujours plus ou moins, il y aura toujours, plus ou moins, des abus sur la terre. Or, les effets désastreux qui ont leur source dans le suffrage par le *nombre* peuvent être corrigés, car ils viennent d'une *institution* humaine, facile à modifier. La feuille de papier qui renferme la soi-disant loi du suffrage par le *nombre*, mettez-la au feu ou jetez-en les morceaux au vent. Il y a quatorze cents ans que saint Augustin — *De lib. arbit.*, cap. v — a dit : « Une loi injuste n'est pas une loi. » Sur une autre feuille de papier écrivez : *Justice pour tous, même pour la propriété, même pour le commerce et l'industrie, même pour le principe de la science et de la morale, même pour l'Église, pour le Pouvoir, même pour Dieu.* Et votre loi juste sera une véritable loi. Une *institution* fondée sur le droit de tous et sur la justice pour tous ne pourra produire que de bons effets, parce que la loi sera universellement, éminemment raisonnable et juste, et, par conséquence rigoureuse, très-efficace pour diminuer les mauvais fruits des passions humaines ; tandis que la loi par le *nombre* est destinée, dirait-on, à favoriser et même à développer les instincts grossiers et anti-sociaux qui fermentent dans le sein de l'humanité déchue !...

Enfin, qu'on me permette de dire que j'aurais pu faire de nombreuses citations, pour appuyer mes propositions. J'ai laissé l'érudition, pour ne m'adresser qu'au bon sens et à la raison. Néanmoins, il me plaît de dire qu'au moment où je corrige les épreuves de la présente Lettre, M. E. Bénezet, rédacteur en chef de l'*Echo de la Province*, de Toulouse, fait paraître une étude très-importante sur un ouvrage capital que Mgr Maupied, prélat de la maison de Sa Sainteté Pie IX, vient de publier sur le *Syllabus*.

Dieu soit béni ! Non-seulement je n'ai pas à modifier les principes que j'expose, sur le Pouvoir et sur la nature de l'État, mais j'ose avancer que ma Lettre peut trouver sa base et son commentaire dans l'ouvrage du savant prélat, et dans la Lettre que M. le marquis de Franclieu a adressée, le 18 août, aux conservateurs français.

L. B.